FELIX GERONIMO

Pierre Bergé

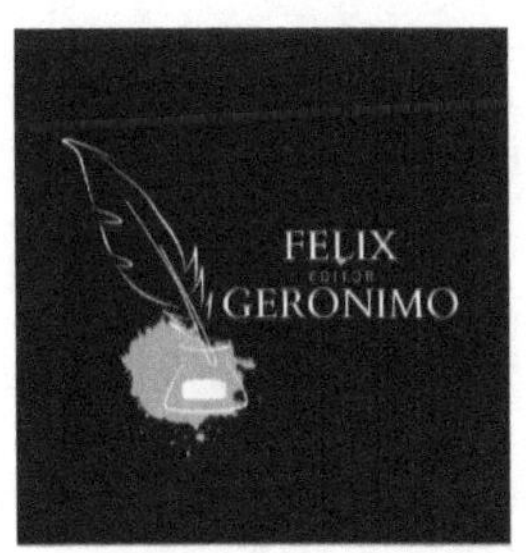

Contents

Preface

A primera vista, Pierre Bergé podría pasar como un hombre común ocupado en quehaceres de la alta sociedad. Pero, rápidamente, uno se da cuenta de la singularidad de este hombre y de lo inteligente y astuto que era.

Pierre Vital Georges Bergé fue un industrial y empresario de los medios de comunicación, del espectáculo, del arte y la cultura; magnate de la moda francesa; escritor, bibliófilo, activista, coleccionista de arte, filántropo y mecenas francés. Estuvo particularmente activo en el sector de la alta costura. Se trató de un hombre con un gran talento organizativo.

Fue un trabajador incansable y sereno. Inspiraba en quienes lo conocieron -especialmente en artistas y escritores- un tipo especial de seguridad que hacía que no temieran confiarle sus proyectos. Con facilidad lo elegían para administrar sus carreras, y para guardar, organizar y administrar legados, bienes e instituciones. Es evidente que no decepcionaba, considerando que esta confianza se acrecentó con el tiempo.

Protagonista de su tiempo. Se relacionó con incontables personalidades de Francia y del mundo.

Bergé era abiertamente homosexual y defendió los derechos de los homosexuales. Tenía, según parece, una enorme capacidad para convocar, negociar y convencer. Sabía cómo relacionarse con la gente indicada para conseguir los fines que perseguía. Esta conclusión se deduce de los resultados. La frialdad de su sonrisa no habla mucho de la vida activa y al parecer emocionante que vivió, aunque sí dice mucho de su férrea voluntad y de su carácter irascible.

Tenía una agenda extremadamente organizada y ocupada. Esto no le impidió cuidar su vida privada. No aparecía en público más que para lucirse cuando tenía un cometido singular en el lugar donde se encontrara. Si le veías allí es porque probablemente él había hecho posible esa actividad o tenía algo que hacer en ella.

Elegante y discreto, casi siempre la publicidad, incluso el escándalo, solo lo alcanzaban cuando él quería.

Por ejemplo, en abril del año 2010, la escritora y periodista Béatrice Peyrani comenzó a escribir una biografía de Pierre Bergé, que publicó en septiembre del año 2011 con el título de "Pierre Bergé, le faiseur d'étoiles". Por más que trató de entrevistar a Bergé para la biografía, no consiguió que él la recibiera. En cambio, cuando quería, podía conceder entrevistas y organizar ruedas de prensa con facilidad.

Era difícil que la prensa pudiera tomarlo desprevenido en entrevistas espontáneas o en fotografías de última hora. Las imágenes y los escritos acerca de su persona que se han publicado han debido ser necesarios o ineludibles.

No obstante podía estallar en cólera o mostrar públicamente su enojo cuando algo le desagradaba. Llegó a insultar y acusar públicamente. Particularmente con los periodistas tuvo una relación no siempre amigable; en algún momento insultó a periodistas del periódico Le Monde después que él tenía el control del periódico. Tampoco dejó de ser controversial, como cuando dijo que una mujer puede alquilar su vientre como instrumento de embarazos o que no importa si todas las fiestas cristianas se suprimen, lo mismo que el matrimonio.

Durante su vida fue llamado de muchas maneras, entre ellas "el fabricante de estrellas"[1], o "el esteta del periodismo"[2]. O bien el "Rastignac d'Oléron"[3].

En una entrevista publicada el día 25 de abril del año 2016, el periodista del periódico español El País, Jesús Rodríguez, describió a Bergé como "el último rey de Francia. Rico, socialista y gay. Confidente de Mitterrand y eterna pareja de Yves Saint Laurent. Ha movido los hilos del poder desde la sombra durante medio siglo".

Empresario hábil e implacable, con contactos firmes en la cúspide de la política francesa, Pierre Bergé se revela como un hombre narcisista, intolerante, posesivo, iracundo y controlador, que compartía el morbo de acumular objetos valiosos con la tendencia a controlar todo lo que le rodeaba. Allí donde no podía controlar todo, no tardaba en explotar en insultos y maledicencias, y si no podía quedar en pie, se marchaba.

Sin embargo, aunque sea paradójico, de un ambiente tan hostil pudo surgir mucha belleza. Porque Bergé fue también un visionario. Dirá que todo lo hizo por amor. No lo hizo por

---

[1] Béatrice Peyrani, Pierre Bergé, le faiseur d'étoiles, París, Pigmalión, 2011.

[2] Título de una entrevista de Pierre Bergé con Emmanuelle Duverger y Robert Ménard, revista Médias, número 14, 20 de septiembre de 2007.

[3] En su biografía Pierre Bergé, le faiseur d'étoiles (Pierre Bergé, el fabricante de estrellas), Béatrice Peyrani llama el "Rastignac d'Oléron" a Pierre Bergé. Eugene de Rastignac es un personaje ficticio de Honoré de Balzac. Sus aventuras comienzan en la novela La Piel de Zapa. Su evolución continúa en un considerable número de novelas de La Comedia Humana. Originario de Angoulême, se mudó a París para estudiar derecho. Es un joven ambicioso, que mira a la "buena sociedad" con ojos sorprendidos y envidiosos, y estará dispuesto a todo para alcanzar sus objetivos. En Francia, el término "Rastignac" se refiere a un advenedizo en la alta sociedad que triunfa con mucha astucia.

amor. Lo hizo por trascender.

Por otro lado, realizó obras que no pueden surgir sino de la parte mejor de un ser humano. Múltiples facetas y personalidades convivieron en este hombre y le dieron una cohesión y una estatura desconcertantes. Cuanto más se asoma uno a su vida, más descubre, y cuando cree que puede opinar acerca de él en un sentido, él se revela en el sentido contrario. No se deja atrapar por una biografía.

Pierre Bergé no es más ni mejor que cualquier otro ser humano; peor, tampoco. Pero es, con mucho, diferente. Uno, ante él, termina teniendo la impresión de que toda la Francia cultural del siglo XX está contenida en él.

Primeros años

Bergé nació el 14 de noviembre de 1930 en la ciudad de Arceu, aldea situada en la comuna de Saint-Pierre-d'Oléron, en la región de Nueva Aquitania, departamento de Charente Marítimo, en el distrito de Rochefort en el suroeste de Francia.[4]

Tuvo una infancia tranquila y ordinaria. Con sus padres, protestantes y de izquierdas, aprendió Bergé a cantar "La Internacional"[5].

Sus padres se hicieron anarquistas después de su paso militante por la Section française de l'Internationale ouvrière

---

[4] Esta comuna es el chef-lieu y mayor población del cantón de Saint-Pierre-d'Oléron. Se encuentra en la isla de Oléron y se considera su capital.

[5] "La Internacional", considerada el himno oficial de los trabajadores del mundo, es la canción más famosa del movimiento obrero. Traducida a diversos idiomas, ha sido celebrada por comunistas, socialistas, anarquistas, socialistas democráticos y socialdemócratas. La letra original, escrita en francés en 1871, es de Eugène Pottier, que asistió al congreso de la Primera Internacional (1864). En 1888 Pierre Degeyter la musicalizó. La Segunda Internacional (ahora Internacional Socialista) la adoptó como su himno oficial.

(SFIO),[6] dirigida por Léon Blum[7]. Su madre, Christiane, fue una soprano y profesora aficionada, seguidora de la pedagogía Montessori. Murió en 2015, con 107 años de edad. Su padre se desempeñó como recaudador de impuestos.

La familia se mudó a La Rochelle (107 rue Gambetta y 21 rue Dupleix), donde Bergé estudió en el liceo Fromentin. Durante la pubertad frecuentó las bibliotecas y visitó asiduamente el Museo de Historia Natural; incluso llegó a ser, a los 15 años, el secretario general de la Sociedad de Ciencias Naturales. Cuando tuvo la oportunidad de comprar libros, lo hizo con la misma perspectiva con la que se adentraba en toda actividad: explotando el aspecto comercial, disfrutando del lado afectivo y siempre con una actitud elitista.

En su adolescencia en La Rochelle afloró el carácter rebelde de Bergé. De manera abrupta, por aburrimiento, detuvo sus estudios secundarios antes de hacerse bachiller. Nunca terminó la escuela.

A la edad de 18 años, Bergé rompió con sus padres y se fue a vivir a París con la idea de ser periodista y escritor. Llegó sin dinero y sin equipaje. El 18 de octubre de 1948, el día que llegó a la capital, mientras caminaba por los Campos Elíseos, el poeta

---

[6] La Sección Francesa de la Internacional Obrera (SFIO) fue un partido político socialista francés. Existió bajo este nombre desde 1905 hasta 1969. En esa fecha cambió su nombre por el de Partido Socialista durante el Congreso Issy-les-Moulineaux, donde se unió a la Unión de Clubes para la Renovación de la Izquierda.

[7] Léon Blum (París, 9 de abril de 1872 - Jouy-en-Josas, 30 de marzo de 1950) fue un estadista francés y una figura política destacada. Es tenido como uno de los grandes líderes del socialismo francés.

Jacques Prévert[8] cayó frente a él, de bruces, desde la ventana de un edificio.[9] "Cayó. ¡Así nada más!", le gustaba comentar a Bergé.

Este hecho fue muy significativo para Bergé por el metafórico simbolismo con que París le daba la bienvenida. Bergé no hizo nada entonces. Prévert fue hospitalizado y Bergé se enteró de su identidad por la prensa. Su posterior desempeño como mecenas y filántropo, principalmente del lado de los escritores, actores, cantantes y artistas, revelaría que su traslado a la capital había sido la elección más acertada.

En 1949, cuando Bergé tenía 19 años, Garry Davis,[10] líder del movimiento Ciudadanos del Mundo,[11] se encontraba en París, que fue la plataforma de lanzamiento de su proyecto de toda una vida.[12] Con un exceso de entusiasmo, tentado por la objeción de conciencia y persuadido por sus lecturas libertarias, Bergé se convirtió en ciudadano del mundo.

Fundó con Davis el periódico Patria Mundial. Solo se

---

[8] Jacques Prévert (Neuilly-sur-Seine, 4 de febrero de 1900 - Omonville-la-Petite, Manche, 11 de abril de 1977) fue un poeta, guionista, letrista y artista francés. Escribió colecciones de poemas, entre ellas Words (1946). Su lenguaje familiar y sus juegos de palabras lo convirtieron en un poeta popular.

[9] Esta anécdota fue contada años después por Pierre Bergé. Durante una entrevista, Prévert cayó accidentalmente de una ventana de un piso alto. Permaneció varios días en coma. Secuelas neurológicas irreversibles lo marcaron por el resto de su vida.

[10] Sol Gareth "Garry" Davis (Bar Harbor, Maine, EE. UU., 27 de julio de 1921 - South Burlington, Vermont, EE. UU., 24 de julio de 2013) fue un activista pacifista estadounidense. Propagó el concepto de la ciudadanía mundial.

[11] Davis fundó Ciudadanos del Mundo en 1948.

[12] En esa época, Davis estaba trabajando con el Registro Internacional de Ciudadanos del Mundo, creado en París en enero de 1949.

publicaron dos números por falta de dinero. Sin embargo, esta publicación fue su primer gran proyecto hecho realidad y Davis significó uno de sus primeros acercamientos a un gran talento. El vínculo entre los dos hombres se mantuvo hasta la muerte de Davis.

La edición de ese periódico fue también la primera incursión de Bergé en dos de las actividades que nunca abandonaría: la administración de medios de comunicación escrita y el activismo por los derechos de las personas.

La efímera publicación complació a intelectuales como Sartre, Camus o André Bretón, en cuyo círculo, por ese motivo, encontró Bergé un resquicio por donde entrar.

Amigos y cultura

Bergé confesaba que el leitmotiv de su vida era el amor. Dijo: "Todo lo he hecho por amor. Es mi biografía. He puesto el amor por encima de todo. Mi vida ha girado en torno a mis relaciones. Por amor a Yves me convertí en hombre de negocios, como fui marchante de arte por amor al pintor Bernard Buffet. Sin olvidar al paisajista Madison Cox… Sí, Madison ha sido mi tercer gran amor".[13]

Sin embargo, es posible que la literatura fuera su primer y quizá más importante gran amor. Lector incansable, escritor a veces, Bergé vivió entre grandes libros: los propios, los de amigos y los de muchos otros escritores.

Sin duda, la literatura fue uno de los hilos conductores de su vida. Su pasión por la literatura venía desde la infancia y lo llevó a emplearse como vendedor de libros cuando llegó a París, libros raros y ediciones agotadas. Esta actividad le permitió seguir frecuentando a escritores e intelectuales y ampliar su círculo de amigos. De ese modo comenzó a ganar dinero extra como emprendedor, debido a que sabía dónde encontrar libros antiguos que luego vendía por un precio diez veces más caro.

---

[13] En entrevista concedida al periódico El País, de España, publicada el 25 de abril del año 2016.

Podía además conversar y hasta discutir en los círculos de los intelectuales debido a que era un lector voraz que también llegó a ser esporádicamente escritor.

Fue admirador y amigo de Mac Orlan,[14] Aragon,[15] Albert

---

[14] Pierre Dumarchey, conocido como Pierre Mac Orlan, fue un escritor francés nacido el 26 de febrero de 1882 en Peronne y fallecido el 27 de junio de 1970 en Saint-Cyr-sur-Morin. Es autor de una obra abundante y variada. Pierre Bergé presidió el Comité Mac Orlan, que otorga el "Premio Mac Orlan" desde 2005 a escritores o pintores.

[15] Louis Aragon (París, ¿3 de octubre de 1897? - ibid, 24 de diciembre de 1982) fue un poeta, novelista y periodista francés, comprometido con el Partido Comunista Francés desde 1927 hasta su muerte. Con André Breton, Tristan Tzara, Paul Eluard y Philippe Soupault formó parte del dadaísmo parisiense y del surrealismo. Desde finales de la década de 1950, muchos de sus poemas son musicalizados y cantados por Léo Ferré o Jean Ferrat, lo que ha extendido el conocimiento de su obra. Con la escritora Elsa Triolet, formó una de las parejas emblemáticas de la literatura francesa del siglo XX.

Camus,[16] Sartre,[17] Breton,[18] Queneau,[19] Carco,[20] Anouilh[21] y Jouhandeau[22].

En algún momento fue asistente de algunos de esos autores, mientras trabajaba en varias librerías.

---

[16] Albert Camus (Mondovi -hoy Dréan-, cerca de Bône -hoy Annaba-, Argelia, 7 de noviembre de 1913 - Villeblevin, Yonne, Francia, 4 de enero de 1960) fue un escritor, filósofo, novelista, dramaturgo, periodista y ensayista francés. Militante comprometido con la resistencia francesa y cercano a las corrientes libertarias en las batallas morales de la posguerra. Recibió el Premio Nobel de Literatura en 1957.

[17] Jean-Paul Charles Aymard Sartre (París, 21 de junio de 1905 - ibid, 15 de abril de 1980), fue un escritor y filósofo francés, representante y figura prominente del existencialista. Sus trabajos y su personalidad marcaron la vida intelectual y política de Francia desde 1945 hasta finales de la década de 1970. Rechazó el Premio Nobel de Literatura en 1964.

[18] André Breton (Tinchebray, Orne, 19 de febrero de 1896 - París, 28 de septiembre de 1966), fue un poeta y escritor francés, animador principal y teórico del surrealismo. Importante en el arte y la literatura de la Francia del siglo XX por su trabajo crítico y teórico.

[19] Raymond Queneau (El Havre, 21 de febrero de 1903 - París, 25 de octubre de 1976), novelista, poeta, crítico y editor francés, cofundador del grupo literario Oulipo.

[20] Francis Carco (Nouméa, Nueva Caledonia, 3 de julio de 1886 - París, 26 de mayo de 1958), seudónimo de François Carcopino-Tusoli, conocido también bajo el seudónimo de Jean d'Aiguières, fue un escritor, poeta, periodista y letrista francés. Gran Premio de Novela de la Academia Francesa por El Hombre Cazado (1922). Ocupó el noveno puesto en la Academia Goncourt (1937-1958).

[21] Jean Anouilh (Burdeos, 23 de junio de 1910 - Lausana, 3 de octubre de 1987) fue un escritor francés, el primero en ganar, en 1980, el Gran Premio de Teatro de la Academia Francesa que distingue la carrera de un dramaturgo. Autor de innumerables obras trágicas, dramáticas y satíricas, la más famosa es Antígona.

[22] Marcel Henri Jouhandeau (Guéret, Creuse, 26 de julio de 1888 – Rueil-Malmaison, 7 de abril de 1979) fue un escritor francés.

Bergé escribió algunos libros durante su vida. Algunos de ellos en colaboración con coautores.

Entre sus obras destacan el libro de artículos "Liberté, j'écris ton nom" (1991), el ensayo biográfico "Inventaire Mitterrand" (2001) y el ensayo sobre arte y literatura "Les jours s'en vont, je demeure" (2003). Este último, traducido como Los Días Se Van, Yo Me Quedo, colecciona retratos emotivos de aquellos con quienes el autor compartió en el trabajo y en la vida privada.

También publicó la iconografía ilustrada "Album Cocteau" (2006), la antología "L'art de la préface" (2008), el anecdotario "Yves Saint Laurent. Une passion marocaine" (2010) y la novela epistolar "Lettres à Yves" (2010), que el año de su publicación ganó el premio Le Vaudeville.[23]

Nada más mudarse a París, Bergé se dedicó a buscar, entre los libreros del Sena, libros raros que posteriormente vendía en las librerías caras por un precio muy superior.

Era bibliófilo y amante de la lectura. Siendo ya millonario, mantuvo la costumbre de coleccionar libros raros y antiguos, primeras ediciones. En sus años de amistad con François Mitterrand (entre 1984 y 1995), paseaban juntos por el Sena en busca de libros viejos.

Candidato a la Academia francesa para ocupar la silla Bertrand Poirot-Delpech, Pierre Bergé fue derrotado en las elecciones del 22 de mayo de 2008 (siete votos contra dieciséis). La edad no le permitió postularse otra vez de acuerdo con las reglas de la academia.

---

[23] El premio Le Vaudeville es un premio francés creado en 2004 por la cervecería Le Vaudeville. En 2011 cambió el nombre a premio La Coupole y es otorgado por la cervecería La Coupole en el distrito de Montparnasse. Se entrega en junio de cada año a una novela, una historia o una colección de noticias francesas publicadas el año en curso y que "muestra espíritu".

Después de la muerte de Saint Laurent, Bergé vendió casi toda su colección de libros por 12 millones de euros.

Era un rasgo de la personalidad de Bergé comprometerse con la defensa de los autores que había conocido y admirado. Asumió la promoción de las obras literarias de Jean Cocteau, de Jean Giono y de Mac Orlan; No fueron los únicos. Bergé representó legalmente a diversos escritores y artistas. En cuanto a otros, financió sus proyectos literarios o artísticos.

Estuvo detrás de la apertura de la Casa Cocteau en Milly-la-Forêt en junio de 2010. Era presidente del Comité Cocteau.

Desde el año 2004 fue presidente del Comité Pierre Mac Orlan. Era propietario de los derechos morales del escritor, lo que lo facultaba para emitir las autorizaciones para explotar su trabajo.

Bergé produjo numerosos conciertos, como los de Philip Glass[24] o John Cage;[25] y el espectáculo de Ingrid Caven,[26] "Au Pigall's"[27].

---

[24] Philip Morris Glass (Baltimore, Maryland, Estados Unidos, 31 de enero de 1937) es un músico y compositor estadounidense de música contemporánea. Entre los más influyentes del siglo XX. Ha abordado el género minimalista, la música repetitiva, lo que él definió como "música con estructuras repetitivas" y la música clásica.

[25] John Milton Cage Jr. (Los Ángeles, 5 de septiembre de 1912 - Nueva York, 12 de agosto de 1992) fue un compositor de música contemporánea experimental, instrumentista, filósofo y teórico musical. Intervino en el desarrollo de la danza moderna. Fue uno de los compositores estadounidenses más influyentes del siglo XX.

[26] Ingrid Caven (Saarbrücken, Alemania, 3 de agosto de 1938). Nacida como Ingrid Schmidt y hoy llamada Ingrid Fassbinder. Es una actriz y cantante alemana. Fue amiga y musa de Yves Saint Laurent, que la vestía para sus actuaciones.

[27] Concierto que también es un disco de 1978, reeditado en el año 2001.

También, durante varios años, apoyó el trabajo de Robert Wilson[28] en todo el mundo, así como la carrera artística de Peter Brook[29].

Pierre Bergé financió también algunos proyectos de Peter Schaffer, Antoine Vitez, Claude Régy y Marguerite Duras.

Dicen que en la vida uno puede elegir a sus amigos. Pero si eres Pierre Bergé, parece que puedes curar a tus amistades con la misma destreza con la que se colecciona arte moderno o, mejor aún, con la misma precisión con la que se construye un imperio de alta costura. Igual que talento para los negocios y olfato para la moda, Bergé tuvo una innegable habilidad para rodearse de las élites culturales del siglo XX. ¡Y qué habilidad! No todos los días uno puede llamar "amigo" a íconos como Andy Warhol, Catherine Deneuve o Mick Jagger, por mencionar solo a unos pocos de su ilustre lista de contactos.

Pierre logró tener un séquito de amigos más brillantes que un desfile de Alta Costura, y de paso extrajo algunas valiosas lecciones sobre el arte —sí, es un arte— de coleccionar amigos famosos. Veámoslo a continuación. Y quién sabe: quizás al final de estas líneas logres hacerte amigo de tu propio Andy Warhol... o al menos de alguien que sepa combinar bien los colores.

El primer mandamiento de Pierre Bergé: no es suficiente

---

[28] Robert Wilson (Waco, Texas, 4 de octubre de 1941) es un dramaturgo y director estadounidense de escena de vanguardia y experimental. También ha trabajado como coreógrafo, intérprete, pintor, escultor, videoartista y diseñador de sonido e iluminación. Ha colaborado con muchos artistas.

[29] Peter Stephen Paul Brook (Londres, 21 de marzo de 1925) es un director de cine, teatro y ópera inglés. Es uno de los directores más influyentes del teatro contemporáneo. Sus puestas en escena han sido revolucionarias e innovadoras. Reside en Francia desde la década de 1970.

simplemente ser famoso; hay que rodearse de personas que también lo sean. Pero, ¡atención! No hablamos de cualquier famoso. No te rodeas de estrellas de realities ni influencers de Instagram, te rodeas de la crème de la crème: artistas, escritores, actores y, por supuesto, diseñadores que pasaron a la historia.

Pierre entendía que las relaciones personales son como piezas de arte: hay que saber seleccionar bien, mantenerlas en perfectas condiciones y exhibirlas en los eventos correctos. Si alguna vez te sientes incómodo en una fiesta porque no conoces a nadie, atrévete a hacer lo que Pierre haría: camina con seguridad, lanza una referencia a Proust y haz que todos deseen ser parte de tu círculo.

Para rodearse de genios, uno tiene que saber alimentar el ego (y los bolsillos) de los artistas. Bergé dominaba este arte como nadie. ¿Cómo, si no, iba a entablar una relación tan estrecha con gente como Jean Cocteau o Bernard Buffet? No basta con invitarles a tomar un café o ir juntos al teatro. No, no. Pierre entendía que los grandes artistas a menudo necesitan un pequeño (o gran) empujón financiero o moral. Así que, ¿qué hizo Pierre? Convirtió su apoyo al arte en una carta de presentación.

Si quieres coleccionar amigos famosos, aquí va el truco: conviértete en el apoyo moral y económico que todo artista en ciernes necesita. Alquila una galería para su próxima exposición, compra sus cuadros antes de que ellos mismos sepan lo que valen, o mejor aún, hazte el principal patrocinador de su genio. Pierre sabía que el camino hacia el corazón de un genio es el patrocinio desinteresado... o, en el mejor de los casos, interesado pero discreto.

Todo el mundo conoce el fenómeno del desfile de modas, pero Pierre lo llevó a otro nivel. Para él, las pasarelas no solo eran para vestidos o trajes, sino para amigos célebres. Si bien fue clave en la gestión del éxito de Yves Saint Laurent, su verdadero talento consistía en organizar los desfiles de personalidades a su alrededor, asegurándose de que el quién es quién de la élite cultural siempre estuviera en primera fila.

¿Mick Jagger? ¡Entra en escena! ¿Loulou de la Falaise? Por supuesto, no puede faltar. Pierre tenía una habilidad única para asegurarse de que cada evento social pareciera la gala del Met, incluso si se trataba de una cena casual entre amigos. Las relaciones sociales, para Bergé, eran un espectáculo bien coreografiado donde las estrellas eran las celebridades más brillantes del momento.

Pierre Bergé no solo coleccionaba amigos famosos, también sabía jugar el ajedrez social como un gran maestro. No basta con conocer a las personas adecuadas; hay que saber cuándo y cómo mover las piezas para que cada encuentro sea un éxito. Bergé nunca dejó que la relación fuera simplemente casual. Siempre había un propósito detrás de cada amistad, una estrategia calculada para sacar el máximo provecho de cada interacción.

Un ejemplo clásico de su astucia fue su relación con Yves Saint Laurent que, además de ser personal, Bergé convirtió en una sociedad empresarial que cambiaría el mundo de la moda. Es que cuando tienes a un diseñador prodigio como compañero, tienes que saber aprovechar la oportunidad. Si alguna vez te encuentras charlando con alguien que podría ser "el próximo gran nombre", sigue el ejemplo de Pierre: sé más inteligente, anticipa el futuro y asegúrate de estar en primera fila cuando el éxito llegue.

Pierre Bergé sabía que no era suficiente rodearse de talento; había que ser parte del espectáculo. El gran truco de Pierre fue que nunca actuó como un espectador pasivo en la vida de sus amigos famosos. Siempre fue parte integral de la historia, ya fuera como socio, mecenas o confidente.

Si realmente quieres seguir los pasos de Pierre Bergé, no te limites a ser "el amigo de". Sé tú también una estrella en tu propio derecho. Haz que las fiestas giren en torno a ti, que las conversaciones te incluyan como una figura clave, y, sobre todo, haz que tu vida sea tan fascinante que incluso los famosos quieran coleccionarte a ti.

No cualquiera puede entrar en el club exclusivo de amigos de Pierre Bergé, pero no porque sea un club elitista, sino porque Pierre tenía un estándar muy alto. Y eso es lo que podemos aprender de su vida social: si te rodeas de los mejores, te conviertes en uno de ellos. En una cena, un evento o una exposición, pregúntate: ¿cómo haría Pierre para convertir este encuentro casual en una obra maestra social?

Puede que no todos logremos tener amigos como Andy Warhol o Mick Jagger, pero con un poco de astucia, patrocinio estratégico y un toque de genialidad al estilo Pierre, podemos hacer que nuestras amistades —al menos— luzcan como de revista. Después de todo, el arte de coleccionar amigos famosos es más sobre cómo te presentas al mundo que sobre a quién conoces. Y en eso, Pierre Bergé fue un maestro, no hay duda.

El escritor Jean Cocteau[30] y Pierre Bergé fueron grandes amigos. La Biblioteca Histórica de la Ciudad de París tiene fondos de Jean Cocteau que consisten en manuscritos, correspondencia o fotografías, integrada en parte por la donación de Pierre Bergé en el año 2006. Bergé, hasta su muerte, fue

---

[30] Jean Cocteau (Maisons-Laffitte, 5 de julio de 1889 - Milly-la-Forêt, 11 de octubre de 1963) fue poeta, diseñador gráfico, dibujante, dramaturgo y cineasta francés. En 1955 fue elegido miembro de la Academia Francesa, organismo que en Francia se encarga de normalizar y perfeccionar la lengua.

el titular de los derechos morales de las obras del escritor y presidente de la Fundación Cocteau.

Jean Giono[31] ocupó un lugar importante en la vida de Bergé. Entre los escritores fue su amigo predilecto. Bergé escribió a muchos escritores entre las edades de 15 y 16 años, y le contestó Giono, impresionado por su carácter y su determinación. En 1950, Bergé fue a visitarlo por un día en Manosque,[32] ciudad natal del escritor, y se quedó varios años con él. Se convirtió en su secretario. Lo defendió de las críticas que enfrentaba por su pacifismo y de las acusaciones de ser un escritor regionalista. Esbozó algunos fragmentos de una biografía de Giono.

En 1990, con motivo del vigésimo aniversario de la muerte del escritor, se creó el premio Jean Giono, dotado con 10,000 euros. Es uno de los premios literarios que organiza y sostiene la Fundación Pierre Bergé - Yves Saint Laurent. Bergé, que presidía el jurado, dijo en referencia al escritor: "Lo que le debo es indescriptible. Él fue mi mentor, mi amigo, mi guía. ¡Me hizo descubrir tantas cosas, leer tantos libros!".

En 1950, a la vez que profundizaba en su amistad con Giono,

---

[31] Jean Giono (Manosque, 30 de marzo de 1895 - ibid, 9 de octubre de 1970) fue un escritor francés. Su obra se desarrolla principalmente en el mundo campesino provenzal. Inspirado por su imaginación y sus visiones de la antigua Grecia, su obra novelística retrata la condición del hombre en el mundo, enfrentando preguntas morales y metafísicas y tiene un alcance universal. Permaneció al margen de las corrientes literarias de su tiempo.

[32] Manosque es un municipio francés y la ciudad más poblada del departamento de Alpes-de-Haute-Provence en la región Provence-Alpes-Côte d'Azur en Francia.

Bergé conoció al pintor Bernard Buffet,[33] a quien no dudó en recordar siempre como el primer gran amor de su vida. Se hicieron compañeros sentimentales. Bergé dirigió su carrera durante ocho años. Logró que Buffet renunciara al consumo de alcohol y medicamentos. Detuvo la tendencia depresiva del artista. Se afanó en dar a conocer a este artista talentoso, tímido y desaseado y hacerlo presentable para la sociedad que debía valorar y comprar sus pinturas.

Buffet aceptó mejorar su higiene personal, bañarse y cambiarse la ropa regularmente. Sus pinturas aumentaron de precio por la intermediación de Bergé, quien negociaba los precios con algunos marchantes de arte y acudía a los lugares adecuados. También organizaba espléndidas fiestas con fines mediáticos y de mercadotecnia. Bergé publicó el libro Bernard Buffet en 1958. Ese mismo año se separaron. El pintor se casó con Annabel Schwob[34] y Bergé conoció a Yves Saint Laurent.

Bergé compró, en 1977, el Teatro Athénée[35] y lo dirigió hasta 1981. Bajo su dirección se inauguró una pequeña sala, diseñada

---

[33] Bernard Buffet (París, 10 de julio de 1928 - Tourtour, 4 de octubre de 1999), fue un pintor expresionista francés, acuarelista, pintor de escenarios de teatro e ilustrador. Su obra incluye personajes, figuras, animales, desnudos, paisajes, interiores, naturalezas muertas y flores.

[34] Annabel Buffet, nacida Schwob (París, 10 de mayo de 1928 - Neuilly-sur-Seine, 3 de agosto de 2005) fue una escritora y cantante francesa, esposa del pintor Bernard Buffet.

[35] El teatro de Athénée-Louis-Jouvet es un teatro parisino, ubicado en 7 rue Boudreau, y cuya entrada es la plaza Opera-Louis-Jouvet, en el distrito 9 de París. Es un teatro italiano clasificado como monumento histórico en 1995. Lleva el nombre del actor, director, profesor de arte dramático y metteur en scène (realizador) Louis Jouvet (Crozon, Finistère 1887 - París, 1951), quien lo dirigió el teatro de 1934 a 1951.

por Jacques Grange, llamada Christian-Bérard,[36] dedicada principalmente al teatro de ensayo.

Fundó los "Lunes Musicales del Athénée" (1977-1989), espacio que pronto se hizo famoso, creado en colaboración con Danièle Cattand. Allí se han presentado artistas como Montserrat Caballé,[37] Boris Christoff,[38] Plácido Domingo,[39] Mirella Freni, Gundula Janowitz, Gwyneth Jones, Kiri Te Kanawa, Joan Sutherland, Jessye Norman, Jose van Dam, Shirley Verret y Jon Vickers, entre muchos otros.

Bajo su dirección, el teatro alternaba obras clásicas con el descubrimiento de nuevos talentos.

Por gestiones de Pierre Bergé, el Teatro Athénée se convirtió en teatro público en 1982, cuando de hecho se lo donó al Estado al vendérselo por un euro simbólico.

Nombrado por el entonces Presidente de la República

---

[36] Christian Jacques Bérard, apodado "Bebé", fue un pintor, ilustrador, decorador y diseñador de moda francés, nacido en 1902 en París, donde murió en 1949. Él y su amante, el escritor y libretista francés de origen ruso Boris Kochno (Moscú, 1904 - París, 1990), fueron una de las parejas más sobresalientes y abiertamente homosexuales del teatro francés de los años 1930 y 1940.

[37] María de Montserrat Bibiana Concepción Caballé i Folch (Barcelona, 12 de abril de 1933 o 1938) es una cantante lírica española considerada como una de las más grandes sopranos del siglo XX.

[38] Boris Christoff (Plovdiv, Reino de Bulgaria, 18 de mayo de 1914 – Roma, Italia, 28 de junio de 1993) fue un bajo de ópera búlgaro, entre los grandes bajos del siglo XX.

[39] José Plácido Domingo Embil (Madrid, España, 21 de enero de 1941), es un cantante, director de orquesta, productor y compositor español. Su versatilidad le ha permitido cantar como barítono y como tenor.

Francesa, François Mitterrand,[40] y el Consejo de Ministros, Bergé presidió la Ópera Nacional de París[41] desde el 31 de agosto de 1988 hasta 1994, fecha en que fue reconocido con la presidencia honoraria de dicha institución.

[40] François Mitterrand (Jarnac, Charente, 26 de octubre de 1916 - París, 8 de enero de 1996) fue un estadista francés, presidente de la República desde el 21 de mayo de 1981 hasta el 17 de mayo de 1995.

[41] La Ópera Nacional de París es una institución pública francesa cuya historia se extiende, bajo diversos nombres, desde el Ancien Régime (1669) hasta la actualidad. Se compone de un conjunto de salas en las que se representan espectáculos variados, principalmente obras líricas y ballets.

Amor, arte, libros, dinero

Si la vida fuera una ópera, Pierre Bergé sería el maestro de ceremonias, combinando los ingredientes perfectos para una historia inolvidable: amor, arte, libros y, por supuesto, dinero. En un mundo donde muchos se pierden tratando de equilibrar uno o dos de estos elementos, Bergé, como un verdadero virtuoso, manejó los tres con la misma facilidad con la que otros atan las agujetas (aunque, en su caso, seguramente tenía a alguien que se las ataba por él).

Empecemos con el amor, esa fuerza imparable que ha hecho que poetas, escritores y, en este caso, magnates empresariales, se lancen al vacío sin paracaídas. En el caso de Pierre Bergé, el amor no era solo cuestión de emociones; era una estrategia, una alianza estratégica del más alto nivel. Y es que, aunque su relación con Yves Saint Laurent fue apasionada y auténtica, no podemos evitar ver el toque maestro del empresario detrás de todo.

Pierre no era solo el compañero sentimental del gran Yves, era también su ancla, su escudo y, en ocasiones, su salvavidas. Mientras Yves volaba alto con sus geniales, pero volátiles ideas, Bergé estaba en tierra, con los pies firmemente plantados en el suelo (o en una alfombra de lujo), asegurándose de que la máquina funcionara. Era el hombre que entendió que detrás de cada gran genio se necesita a alguien que sepa cómo pagar las facturas.

¿El amor verdadero? Sin duda. Pero también era la asociación perfecta: Bergé y Saint Laurent eran como dos piezas de un rompecabezas que encajaban a la perfección. Yves traía el caos creativo y Pierre aportaba el orden financiero, el pragmatismo y la dirección. Juntos revolucionaron la moda y demostraron que el amor puede ser tanto un motor artístico como un negocio rentable. En resumen, si el amor es ciego, Pierre Bergé seguramente se aseguró de que el dinero tuviera una excelente vista.

Si el amor fue la chispa que encendió su vida, el arte y los libros fueron el oxígeno que la mantuvo ardiendo. Pierre Bergé no solo fue un mecenas, sino un coleccionista voraz, un adicto a los libros raros y al arte en todas sus formas. Hay que aclarar algo que Bergé no era el típico millonario que compra libros caros o arte para decorar sus mansiones o para presumir ante sus amigos. No, lo de él era más complejo. Para Bergé, los libros y el arte eran casi una extensión de su ser. Y cuando amas algo tanto, lo mejor que puedes hacer es… venderlo, por supuesto.

Bergé, siempre el astuto empresario, entendió que el arte no solo tenía valor estético y los libros un valor sentimental; ambos tenían un valor económico. Fue capaz de construir una de las colecciones más impresionantes del mundo, para luego subastarla en un evento que parecía más una coronación que una simple venta. Con la muerte de Saint Laurent, Bergé decidió que el mejor homenaje a su vida y su legado sería convertir su colección en algo más: en dinero, mucho dinero. Y es que, aunque el arte es eterno, tener una cuenta bancaria repleta tampoco está mal.

Sin embargo, en honor a la verdad, su amor por las bibliotecas raras y antiguas, así como su apoyo al arte, fueron genuinos. Realmente adoraba su biblioteca. Y, ya fuera en la ópera, el teatro o la moda, Bergé veía el arte como una forma de inmortalidad. Pero, por supuesto, una inmortalidad que pudiera mantenerse económicamente.

Y ahora llegamos al dinero, el tercer pilar en la vida de Bergé, pero, quizás, el fundamental. Porque si algo dejó claro Pierre es que el arte y el amor son maravillosos, pero sin dinero son solo hobbies caros.

Bergé entendió el poder del dinero mejor que nadie. Lo veía no solo como una herramienta para vivir una vida de lujo, sino como un recurso para crear y controlar imperios. Sabía que, en el mundo de la moda, no basta con tener talento; necesitas el capital para convertir ese talento en algo global. Y eso fue lo que él hizo. Saint Laurent podía diseñar el vestido más hermoso del mundo, pero era Pierre quien sabía a quién vendérselo y a qué precio.

Por supuesto, su astucia financiera no se limitó a la moda. Desde la creación de fundaciones culturales hasta la adquisición de medios de comunicación, Bergé fue un maestro de la diversificación. Sabía que, aunque el amor y el arte y hasta los libros podían ser volátiles, el dinero bien manejado siempre daba frutos. Y lo manejó tan bien que, incluso después de su muerte, su influencia se sigue sintiendo.

Pierre Bergé vivió una vida que cualquiera envidiaría. Supo amar, coleccionar libros, apoyar el arte y ganar dinero, todo al mismo tiempo, como si fuera la cosa más natural del mundo. ¿Su secreto? Tal vez entender que, en la vida, no se trata de elegir entre el amor, un buen libro, un buen cuadro o el dinero, sino de cómo entrelazarlos para que uno alimente al otro. Si puedes tenerlo todo, ¿por qué no?

Bergé nos dejó una lección clara: el amor es maravilloso, los libros raros y antiguos despiden un aroma único y el arte es sublime, pero con dinero puedes tener todas estas cosas juntas. El haber logrado esa reunión es una obra de arte en sí misma.

Antes de su llegada a París ya existía el Bergé bibliófilo. Pronto comenzó a comprar y vender libros raros para ganar dinero. Posteriormente se convertiría en coleccionista de libros en ediciones originales, raras y antiguas. La biblioteca de Pierre Bergé llegó a considerarse como una de las más caras, prestigiosas y singulares del mundo.

Junto con Yves Saint Laurent, Bergé coleccionó innumerables obras de arte durante muchos años. Ambos eran amantes de las obras pictóricas y de las esculturas.

Bergé sacó a subasta las colecciones de arte en 2009, a pocos meses de la muerte del modisto. A cargo de la casa de subastas Christie's, la venta, difundida por los medios de comunicación como "la venta del siglo (XXI)", batió un récord con 373,9 millones de euros recaudados.

Un matisse fue adjudicado en 36 millones de euros; un mondrian, en 21,5 millones; un gericault, en 9 millones; una escultura de Brancusi, en 30 millones. Y había muchos más muebles y objetos.

El dinero estaba destinado a la Fundación Pierre Bergé - Yves Saint Laurent. Pero una parte se destinó a la asociación Sidaction para la lucha contra el SIDA.

En diciembre 2015, seis años después de la venta de las obras de arte que había acumulado junto con Yves Saint Laurent, Bergé vendió una parte de su biblioteca en 11,6 millones de euros. En total, una colección de 1,600 libros únicos.

En noviembre de 2016 vendió la otra parte: 376 libros en 4,8 millones de euros. En total casi toda su colección.

El precio se debe, no a que fuera una biblioteca demasiado grande, sino a que contenía innumerables ejemplares únicos de invaluable valor. Entre ellos, libros de diversos géneros literarios y de no ficción; literatura francesa y extranjera; copias raras; primeras ediciones; únicas ediciones; libros dedicados; manuscritos; libros antiguos.

A casa llena, bibliófilos de todo el mundo llegaron a pagar 587,720 euros por La Educación Sentimental de Gustave Flaubert, con notas del autor, y otros 587.720 por Herodías de Stéphane Mallarmé.

Para la ocasión, Pierre Bergé & Associates colaboró con la casa de subastas Sotheby's.

Cuando se le preguntó por qué iba a deshacerse de su querida biblioteca, contestó: "He llegado a la edad en la que debes limpiar tu vida. Todo debe volar un día. La literatura, como el arte, te eleva. Pero debes saber cómo alejarte de las cosas".

Conservó un libro de Jean Giono y una copia de Le Réquiem, de Cocteau.

Aliado de Yves Saint Laurent

Hubo un tiempo, un oscuro y lúgubre tiempo, en que la moda estaba perdida. Los trajes mal ajustados y las chaquetas deslucidas campaban a sus anchas, como si el buen gusto hubiera decidido tomarse unas vacaciones prolongadas. Era una época en la que la elegancia parecía un mito y la alta costura estaba en peligro de extinción. Pero entonces, como en toda buena historia de héroes, llegaron dos salvadores. Uno era un joven diseñador tímido, de mente brillante y creatividad explosiva; el otro, un astuto empresario con una mirada que veía más allá de la tela. Y juntos, Pierre Bergé e Yves Saint Laurent salvaron al mundo de tener que seguir aguantando la mala costura.

La leyenda cuenta que cuando Pierre Bergé conoció a Yves Saint Laurent, el destino mismo suspiró aliviado. ¿Qué habría pasado si Pierre no hubiera entrado en la vida de Yves? ¿Si Yves, ese tímido genio, hubiera quedado atrapado en los laberintos de su mente creativa sin una guía empresarial que supiera navegar el mundo real? El caos. Hubiéramos vivido en un mundo donde el esmoquin para mujeres y la camisa safari nunca hubieran visto la luz del día (y de la noche). Seríamos un planeta desprovisto de estilo, vagando por la vida con ropa sin gracia. Pero, afortunadamente, Pierre estaba allí, en el momento adecuado, con su traje a la medida y su sentido infalible de la oportunidad.

Desde el principio, Pierre vio algo en Yves que el propio diseñador quizá no había entendido del todo: un potencial para transformar el mundo de la moda. No solo el talento para hacer prendas bonitas, también el don para crear una revolución. Y como todo buen héroe, Pierre no se quedó de brazos cruzados. No, señor. Se arremangó, no para coser (que eso era trabajo de Yves), más bien para convertir ese talento en algo más grande que la vida. Juntos, el genio creativo y el genio empresarial, se dispusieron a cambiar el mundo, un boceto de alta costura a la vez.

En el universo de la moda, los diseñadores suelen ser vistos como magos que transforman la tela en arte. Pero lo que poca gente sabe es que detrás de cada mago hay un alquimista que convierte esos sueños en oro. Pierre Bergé fue ese alquimista. Mientras Yves Saint Laurent estaba en su estudio, rodeado de bocetos y musas invisibles, Pierre estaba tejiendo otra clase de magia: la de construir un imperio.

Con su mirada aguda para los negocios y su inigualable capacidad para vender sueños, Pierre tomó las visiones de Yves y las transformó en un fenómeno global. Desde el lanzamiento de su propia casa de moda hasta la creación de una marca que simbolizaba elegancia, clase y rebeldía, Pierre fue el cerebro detrás del glamour. Era como si tuviera una varita mágica que, en lugar de lanzar hechizos, generaba contratos lucrativos y eventos espectaculares. Y, lo más importante, sabía cómo proteger a Yves del caos que el éxito traía consigo, permitiéndole centrarse en lo que mejor sabía hacer: crear.

Mientras otros diseñadores y sus socios intentaban surfear la ola del éxito y a menudo caían de cabeza, Yves y Pierre lo hacían con la gracia de bailarines en un vals perfectamente coreografiado. Yves creaba, Pierre vendía. Yves soñaba, Pierre planificaba. Y así, la alquimia entre ambos transformó la moda para siempre.

De todas las creaciones de Yves Saint Laurent, quizá la más icónica y revolucionaria fue el esmoquin femenino (ese que los estadounidenses llamaron Le Smoking: así, con mayúsculas). A finales de la década de 1960, cuando la sociedad aún estaba decidiendo si las mujeres podían llevar pantalón sin provocar un escándalo, Yves dijo: "¿Saben qué? Vamos a darles un esmoquin". Fue una declaración atrevida, audaz y, por supuesto, absolutamente chic. Pero aquí es donde entra Pierre en escena una vez más. Porque si Yves fue quien encendió la chispa de la revolución sartorial, Pierre fue quien hizo que esa chispa prendiera en todo el mundo.

Pierre entendió que la moda no solo era una cuestión de telas y cortes: también de mensajes. ¿Y qué mensaje podía ser más poderoso que un esmoquin para mujeres: una prenda que desafiaba las convenciones, rompía barreras y empoderaba? Con la precisión de un estratega, Pierre se aseguró de que cada vez que una celebridad, modelo o mujer influyente vistiera el icónico esmoquin, el mundo entero prestara atención. Así, lo que comenzó como un simple traje se convirtió en un símbolo de empoderamiento, elegancia y estilo.

Gracias a Pierre e Yves, las mujeres dejaron de vestirse para ser "bonitas" y comenzaron a vestirse para ser poderosas. Y si eso no es salvar al mundo de la mala costura, entonces ¿qué es?

La relación entre Pierre Bergé e Yves Saint Laurent fue mucho más que una simple sociedad empresarial. Fue una fusión de almas, talentos y visiones que cambió el curso de la moda para siempre. Si bien Yves fue el artista, Pierre fue el arquitecto que construyó los cimientos sobre los cuales esa obra de arte pudo prosperar. Juntos, crearon… ropa… sí… pero sobre todo una forma nueva de entender la elegancia y la autoexpresión.

Y aunque la historia de Yves y Pierre tiene sus momentos de drama, altibajos y tensiones, lo que permanece claro es que sin Pierre Bergé, el mundo sería un lugar menos estilizado, menos elegante y, francamente, mucho más aburrido. Pierre no solo ayudó a Yves a crear un imperio de moda. Nos salvó de una vida de mala costura, y por eso siempre estaremos en deuda.

Siempre que te pongas un traje que te haga sentir invencible, o cuando veas a una mujer caminar con el porte de quien tiene el mundo a sus pies, piensa que, probablemente, detrás de esa prenda, de ese estilo, de esa actitud está el toque mágico de Pierre Bergé, el hombre que, amén de entender la moda, sabía cómo salvarla.

Yves Saint Laurent,[42] y Bergé se conocieron en 1958. El diseñador, que con 22 años era 6 años menor que Bergé, de 28, trabajaba en Dior[43] en esa época. Fue llamado para cumplir con el servicio militar obligatorio en la guerra de independencia de Argelia contra Francia.[44] A su regreso se encontró con que había sido despedido de la casa Dior (Christian Dior, su

---

[42] Yves Henri Donat Mathieu-Saint-Laurent, más conocido como Yves Saint Laurent (Orán, Argelia francesa, 1 de agosto de 1936 - París, Francia, 1 de junio de 2008), fue un diseñador de moda y empresario francés. Alumno de Christian Dior, murió a la edad de 71 años por padecimientos de cáncer.

[43] La casa de moda Dior fue fundada por Christian Dior (Granville, la Manche, 21 de enero de 1905 - Montecatini Terme, Italia, 24 de octubre de 1957) fue un gran modisto francés. El 8 de octubre de 1946 creó la casa de moda con su nombre, y la inauguró el 16 de diciembre, financiada por Marcel Boussac. En 1947 incursiona en la alta costura y la perfumería, y luego en todo el comercio de lujo.

[44] Argelia logró su independencia en 1962.

protector, había muerto en 1957). Con la ayuda de Pierre Bergé demandó a su antiguo empleador. Ganó la demanda.

Con el dinero de la indemnización, pero muy principalmente con la financiación y ayuda de J. Mack Robinson,[45] fue fundada la casa de moda Yves Saint Laurent (YSL) en 1960. En ese momento ya Bergé administraba la carrera de Saint Laurent y se convirtió en el presidente de Yves Saint Laurent Alta Costura.

Yves Saint Laurent y Pierre Bergé fueron amantes, amigos y socios. El empresario fue el mentor y apoyo emocional del diseñador. Fue la fuerza impulsora de la actividad creativa de la casa de modas Yves Saint Laurent. Con frecuencia se le describe como un déspota que gobernaba el negocio con mano de hierro; se dice que todos, no solo los maniquíes, temblaban y se apresuraban ante su presencia.

Saint Laurent era tímido y tendía a ser depresivo. Bergé era franco y seguro de sí mismo. En los períodos de depresión del diseñador intervenía el hombre de negocios para devolverle la firmeza, al tiempo que sostenía el negocio.

La intensa relación comercial, social y por muchos años también amorosa de los dos socios se prolongó desde 1958 hasta la muerte de Saint Laurent en el año 2008. Tuvo sus etapas y sufrió cambios a lo largo del tiempo. Pero la sociedad y la amistad parece haberse mantenido hasta el final.

Se convirtieron en una de las parejas icónicas del mundo de la moda. Bergé era el empresario detrás del genial artista. Saint

---

[45] Jesse Mack Robinson (Atlanta, Georgia, EE. UU., 7 de mayo de 1923 - ibid, 7 de febrero de 2014) fue un empresario y filántropo estadounidense. Dirigió varias de las principales corporaciones de Atlanta. Donó millones de dólares a su estado natal. En 1966 vendió por un millón de dólares su parte en la casa de moda Yves Saint Laurent que él había ayudado a fundar a principios de la década de 1960.

Laurent dijo de Bergé en 2001: "Todo lo que yo no tenía, lo tenía él. Su fortaleza significaba que podía descansar en él cuando estaba sin aliento". En 2014, Bergé confesó: "Yves no sabía vivir. No amaba la vida. Es por eso que yo le era imprescindible".

Yves Saint Laurent presentó su primera colección el 29 de enero de 1962. Seis modelos presentaron cien vestidos entre el toque moderno y la osada excentricidad. Fue un éxito rotundo. Desde entonces la estrella de esta casa de moda no dejó de brillar y el mundo de la moda se dividió en un antes y un después del fenómeno Saint Laurent. Su influencia se extendió por tres décadas y fue muy intensa durante las décadas de 1960 y 1970.

La firma llegó a facturar 3 000 millones de euros al año e hizo millonarios a sus dueños. En todo el mundo, Saint Laurent se convirtió en un referente obligado de la moda del siglo XX.

En 1966 tuvo lugar el lanzamiento de la marca de ropa prêt-à-porter "Saint Laurent rive gauchen" en sociedad con Didier Grumbach[46].

La invención del prêt-à-porter (la fabricación en serie de la ropa de diseñador) hizo que la ropa de moda fuera accesible para todos, particularmente para el público femenino. La fórmula era la siguiente: Saint Laurent diseñaba, Grumbach fabricaba y Bergé ponía en venta por medio de una compleja red internacional de tiendas propias y franquicias.

En 1989, la casa de moda fue la primera firma de la alta costura en cotizar en bolsa. Después fue extinguiéndose poco a poco. A principios de la década de 1990 llegaba a su punto más bajo.

---

[46] Didier Grumbach, nacido en 1937 en París, es un empresario y mecenas francés dedicado al negocio de la moda. De 1998 a 2014 presidió la Fédération française de la couture, du prêt-à-porter des couturiers et des créateurs de mode.

Saint Laurent se retiró del mundo de la moda en 2002 despúes de haber creado 6000 vestidos de diseño (incluso los que formaron parte de las seis colecciones que creó para Dior) y 15000 complementos.

La compañía fue vendida en 1993 por 200 millones de euros. Los socios Bergé - Saint Laurent conservaron ciertos derechos incluidos en el contrato de venta. Esos derechos les reportaron otros 60 millones de euros en 1999 y suponen ganancias, por el uso del nombre, cifradas entre cinco y diez millones de euros al año.

Además, en 2002, por un euro simbólico compraron de nuevo los derechos de la empresa que les permitían cumplir legalmente con el plan social de 160 colaboradores de toda una vida.

En la vida de la empresa no hubo problemas laborales ni conflictos sindicales debido a que una vez al año se distribuía una importante bonificación entre los empleados que los mantenía conformes.

A ambos les encantaba Marruecos. Allí compraron un riad[47]. En 1980 compraron el Jardín Majorelle,[48] que ha sido

---

[47] Un riad es una casa cuyas habitaciones se articulan en torno a un jardín interior. Para los turistas es una exótica alternativa al hotel cuando el riad se ha convertido en negocio.

[48] El Jardín Majorelle es un jardín botánico turístico donde conviven aproximadamente 300 especies en casi 1 hectárea (10,000 m2) y un museo de cultura bereber. Es uno de los destinos turísticos más visitados en Marruecos. Lleva el nombre de su fundador, el pintor francés Jacques Majorelle (1886-1962), que lo creó en 1931 inspirado en el tipo de jardín islámico. Comprado por Yves Saint Laurent y Pierre Bergé en 1980, pertenece hoy a la Fundación Pierre Bergé - Yves Saint Laurent.

etiquetado Maisons des Illustres[49] desde la creación de esta distinción en 2011.

Los amantes rompieron con la relación amorosa el 3 de marzo de 1976 y se separaron en 1987. "Dejé a Yves Saint Laurent para salvarme, no conseguía alejarle de las drogas", declaró Bergé en 2014. Yves Saint Laurent se había vuelto adicto al alcohol, la cocaína y los neurolépticos.

Sin embargo siguieron trabajando juntos, como socios y amigos. Ritualmente se reunían los sábados para almorzar.

Para asegurar el legado de Saint Laurent, este y Bergé formalizaron su unión, mediante un pacte civil de solidarité[50] unos días antes de que el diseñador muriera de un tumor cerebral el primer día de junio del año 2008 a los 71 años. De ese modo Bergé se convirtió en el heredero legal del modisto, a quien habría de sobrevivir casi 10 años más.

En junio del año 2017, Pierre Bergé, ya en silla de ruedas, dio una conferencia de prensa para anunciar que se abrirían dos museos dedicados a la obra de Yves Saint Laurent. En

---

[49] La etiqueta Maisons des illustres es una etiqueta francesa creada por el Ministro de Cultura y Comunicación Frédéric Mitterrand en septiembre de 2011 "para informar al público de los lugares cuya vocación es preservar las colecciones en relación con las personalidades y para darles una mejor visibilidad", y para destacar las residencias notables por su historia y por las personas que las habitaron. La etiqueta es válida por cinco años y renovable. El edificio etiquetado debe estar abierto al menos 40 días al año y no tener una vocación principalmente comercial. En 2017 había 208 instituciones etiquetadas.

[50] Desde 1999 existe en Francia el pacto civil de solidaridad (abreviado pacs, Pacs o PACS). Es una de las dos formas de unión civil. La otra es el matrimonio civil. El pacs es una solución legal a las relaciones de parejas del mismo sexo, pero no es exclusivo de esta comunidad y cada vez más franceses recurren a este tipo de acuerdo en vez del matrimonio civil.

esa ocasión dijo: "Estamos llenos de recuerdos (…), queremos convertirnos en un proyecto". Murió unas semanas antes de que dichos museos se inauguraran, uno el 3 de octubre en la mansión parisina que acoge la Fundación Pierre Bergé - Yves Saint Laurent, y el otro el 19 de octubre en Marruecos.

La moda

Pierre Bergé, el hombre que, sin tocar una aguja ni enhebrar un hilo, tejió uno de los imperios más influyentes de la moda mundial, es un personaje que, en cualquier otro universo, habría hecho su fortuna vendiendo arena en el desierto o hielo en el Polo Norte. Pero no. En nuestro universo decidió apuntar a la alta costura. Y no porque fuera diseñador, ni estilista, ni siquiera alguien que disfrutara revolviendo entre telas (aunque probablemente tuviera un criterio impecable al elegir corbatas), sino porque tenía el don divino de convertir en oro todo lo que tocaba o, mejor dicho, todo lo que sabía vender.

Algo que Bergé entendía mejor que la moda era la necesidad humana de la apariencia, de la envoltura perfecta. Porque en este planeta, ser va más allá de existir: es parecer. Y ahí entra en juego nuestro astuto Pierre. Como un alquimista moderno, vio en Yves Saint Laurent -más que a un talentoso diseñador- a la joya bruta que necesitaba pulirse, empacarse y venderse en las pasarelas del mundo.

Podríamos imaginar a Bergé en sus primeros días, observando con ojo crítico y mal disimulado entusiasmo cómo Yves Saint Laurent delineaba sus primeros vestidos. Mientras otros quizás admiraban la caída de una tela o el trazo delicado de un croquis,

Bergé probablemente ya estaba haciendo cálculos mentales de cuánto costaría producir la prenda y cuánto le cobraría a la duquesa de turno. Y ese es el primer truco del mago empresarial que fue: vio la moda, no como un arte elitista (que lo es, pero mantengamos el secreto), sino como un negocio global.

Con una precisión que haría sonrojar a los mejores consultores de marketing, Bergé supo vender la fragilidad y la genialidad de Yves Saint Laurent, creando un personaje tan fascinante que las mujeres del mundo entero quisieron vestir su ropa, no solo porque fuera hermosa, sino porque representaba algo más. ¿Qué exactamente? Probablemente ni ellas lo sabían. ¿La libertad? ¿El poder? ¿El misterio? No importa. Pierre Bergé se aseguró de que fuera lo suficientemente ambiguo como para que cada compradora proyectara en esas prendas lo que quisiera ver.

Pero vender moda no era suficiente para Bergé. Él quería vender sueños. Sabía que el vestido en sí era solo una parte de la ecuación. Lo que verdaderamente importaba era la narrativa. Y ahí fue donde construyó su imperio. Porque, ¿quién no querría sentirse parte de un universo donde la elegancia fluía como champán en una fiesta interminable de la jet set?

Pierre era un narrador, pero no con palabras. Lo suyo era más sutil. ¿Un desfile en el que las modelos parecían deslizarse en lugar de caminar? ¿Una campaña publicitaria en blanco y negro que evocaba la nostalgia de una época que ni siquiera habías vivido, pero que ahora anhelabas? Eso era obra de Bergé. Y si, al final, el precio de esa fantasía era un traje de Yves Saint Laurent a unos cuantos miles de dólares, ¿quién iba a quejarse? Lo importante es que tú no solo comprabas ropa; comprabas una ilusión de perfección.

Por supuesto, Bergé entendía que la moda era un negocio,

pero también una herramienta de poder. Si lograba que los más ricos, los más influyentes y los más vistos del planeta usaran su marca, entonces Yves Saint Laurent no solo se convertiría en sinónimo de estilo, también en símbolo de estatus. Y así fue como una pequeña firma de moda francesa se convirtió en un fenómeno global. No importaba si eras la mujer más elegante de París o una adolescente soñadora en Nueva York; si te ponías algo de Saint Laurent, eras parte del mismo club. Y ese club lo manejaba Bergé con mano de hierro… vestida en terciopelo, por supuesto.

Mientras Yves Saint Laurent se encerraba en su taller a crear arte, Pierre estaba tejiendo otra red: alianzas, patrocinios, eventos filantrópicos, museos, fundaciones. Sabía que la fama era efímera, pero que las instituciones, bien gestionadas, podían durar siglos. De ese modo se aseguraba de que la marca Yves Saint Laurent fuera relevante en su tiempo, sí, pero también eterna. Y si el arte de Saint Laurent era la aguja que cosía el traje, Bergé era la mano invisible que lo sostenía.

Pierre Bergé entendió la moda; y, más que la moda, entendió el alma humana en su relación con la estética y el poder. A través de su capacidad para orquestar, negociar y, en última instancia, moldear el mercado, construyó un imperio sin precedentes. En el proceso demostró que la moda, además de ser un juego de diseñadores y modelos, es una intrincada red donde la percepción es tan valiosa como la prenda misma.

Cuando te pongas un traje elegante o veas un desfile de alta costura, toma en cuenta que detrás de esas creaciones artísticas hay un Pierre Bergé en algún lugar del mundo, asegurándose de que ese arte también tenga un precio; y, por supuesto, asegurándose de que lo pagues con gusto. Ese conocimiento del negocio llevó a Bergé, en 1974, a ser elegido presidente de la Chambre Syndicale de couturiers et créateurs de mode[51].

Además, años después, en 1986, creó el Institut Français de la Mode (IFM), un centro de formación y práctica para profesionales de la moda y de la industria textil, del cual ocupó siempre la presidencia.

Pues Bergé no era simplemente un magnate de la moda. Era, en esencia, un sastre político: además de elegir bien la chaqueta para una cena de gala, sabía coser intrincados hilos de poder en la trama de la alta sociedad y la política. Su legado no se limita a las pasarelas llenas de modelos que deslizan los pies en tacones imposibles; también alcanza los pasillos del poder, donde Bergé supo vestir a la élite con la misma precisión con la que Yves Saint Laurent cortaba sus trajes.

Pierre Bergé entendió algo que pocas personas saben a ciencia cierta: la ropa no solo cubre el cuerpo, la ropa define la percepción. Y si eres lo suficientemente listo, como lo fue Bergé, puedes utilizar la moda como un arma sutil para influir en quienes tienen el poder de cambiar el mundo. No hablamos solo de vestir a presidentes y primeros ministros (aunque eso también lo hizo), sino de crear una marca que se convirtiera en un símbolo para la clase dominante.

En la cabeza de Bergé, la moda no era un capricho, era una forma de control. Si podías diseñar las tendencias, entonces

---

[51] La Chambre Syndicale du Prêt-à-Porter des Couturiers et des Créateurs de Mode, la Chambre Syndicale de la Mode Masculine y la Chambre Syndicale de la Haute Couture se agrupan en la Fédération française de la couture, du prêt-à-porter des couturiers et des créateurs de mode (Federación Francesa de la Moda, Modistos Prêt-à-porter y Diseñadores de Moda), que es el órgano rector de la industria de la moda francesa fundado en 1973. Establece las fechas y la ubicación de las semanas de la moda francesa. También fija estándares de calidad en la industria y en el uso de la palabra "alta costura".

podías moldear a las personas que las seguían. Los trajes de Saint Laurent, con su impecable confección y aire de autoridad relajada, no eran solo ropa, eran una forma de decir: "Aquí mando yo". Y Pierre Bergé sabía quiénes necesitaban transmitir ese mensaje.

Mientras Saint Laurent creaba piezas icónicas como el esmoquin femenino, Bergé estaba detrás, moviendo hilos políticos, como un tejedor paciente. Y no es que Pierre quisiera ser político (eso requería quizá mucho trabajo, tal vez poca emoción): él quería ser el hombre que los políticos escuchaban. Y lo logró.

Bergé fue un ferviente defensor de la izquierda francesa, apoyando a políticos como François Mitterrand; incluso, a través de su carrera, consolidó una red de contactos tan sofisticada como la seda que usaba Saint Laurent. A menudo se dice que Mitterrand no tenía a Bergé únicamente como un respaldo financiero y logístico; también confiaba en él como consultor de estilo. Es que si vas a hacer historia como presidente, más vale que lo hagas con buen gusto.

Pero Pierre no se detenía en Francia. Como un verdadero jugador global, entendió que la influencia no tiene fronteras. Desde la ONU hasta el Parlamento Europeo, Bergé sabía que el poder tenía su propio código de vestimenta. Si él no podía estar en todas partes, sus trajes y su impecable gusto sí estarían. Nada de lo que sucedía en los círculos del poder escapaba a su mirada aguda, que era tan crítica para las costuras como para las decisiones políticas.

Sin embargo, no es posible hablar de Pierre Bergé sin mencionar su habilidad sobrenatural para entrar, y sobre todo destacar, en la alta sociedad. Este hombre no era el tipo que necesitaba colarse en las fiestas; lo invitaban a todas, y si no lo hacían, simplemente organizaba la suya, una mucho mejor. ¿Qué es la alta sociedad, si no un desfile continuo de personajes deseosos de ser vistos, admirados y, preferiblemente, vestidos por los mejores diseñadores?

Aquí, Bergé jugaba su mejor carta. Mientras los demás estaban preocupados por cómo encajar, Pierre ya sabía cómo dirigir la atención hacia él. Sabía que el verdadero poder no es ser el mejor vestido en la sala, sino el hombre que viste al mejor vestido. La alta sociedad francesa, y más allá, veía en él a un creador de tendencias, además de a un empresario de éxito, un maestro que, además de entender la moda, entendía también las dinámicas sociales.

Era un partido de ajedrez donde todos jugaban a aparentar, pero Bergé ya había ganado antes de que alguien se sentara a la mesa.

No todo era lujo y cenas en el Ritz. Pierre Bergé también tuvo una faceta combativa. No era alguien que se quedara quieto cuando algo no le gustaba, y no dudaba en usar su plataforma y su estatus para impulsar cambios sociales. Su lucha por los derechos LGBT es bien conocida, y aquí es donde nuevamente entraba en juego su habilidad para vestir las causas. Sabía cómo hacer que algo incómodo, como la lucha por los derechos civiles, pareciera elegante además de justo.

Pues una cosa es protestar, y otra es hacerlo con clase. Bergé no era el tipo de activista que tomaba las calles. Eso es muy vulgar. En cambio, sabía cómo hacer que las causas llegaran a las personas correctas: las que tenían el poder de cambiar las leyes. Si había que patrocinar una gala benéfica para recaudar fondos o aparecer en los medios para hablar de justicia social, él estaba allí, con un discurso afilado y un traje impecable.

Al final del día, Pierre Bergé fue mucho más que un empresario o un mecenas. Fue un arquitecto del poder, alguien que supo que la moda podía ser mucho más que vanidad: podía ser influencia, control y, por supuesto, revolución. Su habilidad para moverse entre los ricos y poderosos, mientras vestía a la sociedad con sus ideas y sus valores, lo convirtió en una figura única. Supo hacer que la política, la alta sociedad y la moda se entrelazaran en una coreografía perfecta.

Y aunque tal vez nunca ocupó un cargo público ni se postuló para un puesto de poder, Pierre Bergé fue, sin lugar a dudas, el hombre que entendió cómo vestir el poder. Después de todo, quien verdaderamente manda no siempre es quien lleva el traje, sino el que decide quién se lo pone. Y ese, sin duda, fue Pierre.

Mitterrand, la política

François Mitterrand fue el político más querido y admirado por Pierre Bergé, y mantuvo por él una eterna lealtad hasta la muerte del político en 1995. Fueron grandes amigos y confidentes. Bergé fue colaborador de Mitterrand y financió sus aspiraciones políticas. Se conocieron en 1984. Bergé tenía 54 años y Mitterrand 68.

Para favorecer la reelección de Mitterrand en 1988, Bergé compró el semanario Globe.

Era presidente de la Asociación de Amigos del Institut François Mitterrand.

En el año 2001, Bergé publicó el libro Inventaire Mitterrand (París, Stock, 2001, 287 pp.). En el año 2011, para celebrar los treinta años de la elección de Mitterrand a la presidencia de Francia, Matthieu Pigasse y Pierre Bergé organizaron un concierto en la Place de la Bastille en París que congregó entre 40,000 y 70,000 espectadores.

Bergé no dejó de ser socialista. No fue candidato él mismo a ningún cargo político, pero apoyó a los candidatos socialistas a la presidencia.

Después de la muerte de Mitterrand no dejó de respaldar a otros candidatos socialistas. En 1995 respaldó a Jacques

Chirac[52] en las elecciones presidenciales. En 2001 y 2008 apoyó a Bertrand Delanoe[53] en las elecciones municipales de París.

Favoreció a Ségolène Royal[54] en las elecciones presidenciales de 2007 y creó la Asociación de Amigos de Ségolène Royal en febrero de 2008, que financió hasta 2011.

También apoyó a François Hollande[55]. En enero del año 2017, con cierto desencanto con el Partido Socialista, anunció su apoyo a la candidatura del centrista Emmanuel Macron, que ganó las elecciones presidenciales en mayo de ese año.

---

[52] Jacques Chirac (París, 29 de noviembre de 1932 -) es un estadista francés. Sucesor de Mitterrand, fue Presidente de la República Francesa desde el 17 de mayo de 1995 hasta el 16 de mayo de 2007.

[53] Bertrand Delanoë (Túnez, cuando era protectorado francés, 30 de mayo de 1950 -) es un político francés. Miembro del Partido Socialista. Alcalde de París de 2001 a 2014.

[54] Ségolène Royal (Ouakam, Senegal, 22 de septiembre de 1953) es una política francesa, miembro del Partido Socialista. En 2007 fue la primera mujer francesa en llegar a la segunda vuelta de las elecciones presidenciales, pero fue derrotada por Nicolas Sarkozy, quien obtuvo el 46.94% de los votos emitidos.

[55] Francois Hollande (Rouen, Sena-Inférieure, corriente de Seine-Maritime, 12 de agosto de 1954) es un político francés. Ocupó la presidencia de la República Francesa en el período del 15 de mayo de 2012 al 14 de mayo de 2017.

Filantropía y activismo

Hay filántropos y luego está Pierre Bergé. Cuando donaba dinero parecía que estaba comprando la historia misma. ¿Museos? ¿Bibliotecas? ¿La Mona Lisa, tal vez? No lo descartemos. Cuando Pierre Bergé ponía su mirada en algo, todo parecía posible, ya fuera construir un imperio de la moda o comprar parte de la cultura mundial. Y si bien su generosidad es indiscutible, lo divertido es observar cómo, con un movimiento de chequera, Bergé se convirtió en uno de los mayores mecenas del siglo XX, amén de en una especie de coleccionista de prestigio histórico. Si hubiera existido un catálogo de las grandes obras maestras y eventos culturales, Bergé habría marcado "comprar" en más de una casilla.

En este pasaje analizaremos su filantropía y su inusual, aunque eficaz, forma de asegurarse un lugar en los anales de la historia cultural. Y es que si no puedes cambiar la historia, al menos puedes comprarla, ¿verdad?

Primero aclaremos que Pierre Bergé no se conformaba con ser un simple donante. Él no era de esos filántropos discretos que dejan un sobre en una gala benéfica con una suma generosa pero anónima. ¡No, no! Pierre prefería que su legado cultural viniera con una gran placa de mármol que dijera: "Esto lo conseguí yo, no se olviden de mencionarlo".

Uno de los ejemplos más conocidos de su mano filantrópica fue la creación de la Fundación Pierre Bergé-Yves Saint Laurent, dedicada a preservar el legado de su amado socio. Pero, ¿acaso solo era amor por el arte y la moda? Claro que no. Esto fue una jugada maestra de Pierre: asegurarse de que, cuando alguien mirara atrás, viera su nombre vinculado al glamour y a la historia cultural. El museo de YSL en París y el de Marrakech no solo son monumentos a la alta costura, sino también, y sin ninguna sutileza, a Bergé.

Luego está su otra pasión: los libros y el arte. Y no hablamos de un cuadro que cuelgas en la sala de estar, hablamos de colecciones enteras de objetos históricos, incluyendo una enorme colección de libros únicos. Cuando Bergé donaba algo, no era cualquier cosa. Era como si hubiera decidido que parte de la historia cultural necesitaba su propio toque, una especie de "marca Bergé". Un ejemplo perfecto de esto es cuando, después de la muerte de Yves Saint Laurent, subastó su impresionante colección de arte, considerada una de las más valiosas del siglo XX. ¿Y qué hizo con las ganancias? Donó una parte significativa a causas como la lucha contra el SIDA y a organizaciones culturales, dejando claro que, si bien compraba la historia, también sabía repartirla.

Esta maniobra filantrópica tenía una doble función: solidificar su estatus como benefactor supremo y recordarnos que él, Pierre Bergé, podía tener la cultura en sus manos y después dejar que los demás jugáramos un poco con ella.

Una de las críticas más comunes hacia los grandes filántropos es que tienden a usar sus donaciones como una forma de inmortalizarse. Y Pierre, en su estilo característico, lo hizo con una elegancia que solo alguien como él podría lograr. Porque seamos realistas: si vas a gastar millones en arte y cultura, ¿por qué no asegurarte de que todos sepan que fuiste tú? Si te preguntas cuánto cuesta la inmortalidad, parece que Pierre encontró una fórmula mágica en la que el precio incluía un número impresionante de ceros.

Sus donaciones a museos, instituciones de arte y bibliotecas no fueron meras gestiones de un buen samaritano; fueron inversiones cuidadosamente calculadas. Inversiones en su legado, en su historia personal y en la forma como sería recordado. Para Pierre, la historia no estaba simplemente para ser admirada: debía ser adquirida, preservada y, cuando fuera el momento adecuado, debía ser generosamente compartida con el mundo. Todo, ciertamente, en nombre de la filantropía.

¿Era Pierre Bergé un filántropo auténtico o un estratega cultural? Bueno, ¿por qué no ser ambos? Como buen hombre de negocios, Pierre entendía el valor de la marca personal. Y algo que la moda le enseñó es que el estilo lo es todo. Pierre no solo vestía bien; supo, además, vestir su filantropía con elegancia y con una pizca de arrogancia.

Cada donación, cada adquisición, cada gesto generoso estaba perfectamente diseñado para reforzar la narrativa de su vida: Pierre Bergé, el hombre que entendía el valor de la cultura y, por supuesto, del capital cultural. En el fondo, Bergé sabía algo que pocos filántropos entienden: el arte de dar no está solo en el acto, sino en cómo lo haces.

Si bien la historia recordará a Bergé por su filantropía, no perdamos de vista que fue también un hombre de negocios extremadamente astuto. En cada paso que daba, parecía haber un plan más allá del altruismo. Y aunque algunas voces críticas podrían decir que su generosidad estaba cargada de interés personal, otros simplemente podrían llamarlo pragmatismo brillante. Pues, después de todo, dado que el resultado fue la preservación de la cultura, ¿acaso importa si sus intenciones eran egoístas?

Pierre Bergé entendía el juego de la historia. Sabía que no puedes cambiar el pasado, pero sí puedes influir en cómo será recordado. Y lo hizo con la misma elegancia y sutileza que pondría en un desfile de Yves Saint Laurent.

Bergé fue mucho más que un hombre de negocios, amante del arte y el alma detrás del imperio YSL. También fue un hombre que entendió que, en el gran teatro de la vida, tener el control sobre cómo se cuenta la historia es, en muchos casos, más poderoso que hacer la historia misma.

Quien esté pensando en donar a una causa, comprar una obra de arte o apoyar una institución cultural, podría preguntarse qué hubiera hecho Pierre Bergé. Probablemente hubiera convertido ese acto en un espectáculo digno de recordarse. Eso diferencia a un simple filántropo de un verdadero coleccionista de la historia.

Es que Bergé fue un hombre de muchos talentos: empresario astuto, coleccionista implacable y filántropo con un ojo clínico para la cultura… y la autopromoción. La moda, el arte, los libros raros, todo lo que oliera a "exclusivo" o "prestigioso" pasaba por su radar, y, por supuesto, terminaba en su cartera. Desde la creación del imperio Yves Saint Laurent hasta su conversión en mecenas cultural, Bergé sabía que, tanto en los negocios como en la cultura, lo importante no es únicamente qué haces, sino cómo lo presentas. Y si alguien sabía presentarse con estilo, era Pierre.

Antes de su paso definitivo al mundo de las artes, Bergé ya había demostrado su habilidad para la gran puesta en escena. A fin de cuentas, él no fue solo el socio de vida y negocios de

Yves Saint Laurent, fue el cerebro que puso las finanzas y la estructura detrás del genio creativo del diseñador. Mientras Yves estaba en la trastienda creando vestidos icónicos, Bergé manejaba el mundo exterior como un director de orquesta. Las finanzas, las relaciones públicas, las estrategias de expansión... Saint Laurent puso el glamour; Pierre puso los contratos.

Con Bergé, Saint Laurent conquistó el mundo de la moda y lo elevó a la categoría de arte. Porque, si bien vestir a las celebridades ya era una hazaña, lo que Pierre realmente quería era ser parte de algo más grande: algo intemporal. Después de todo, los desfiles de moda son efímeros, pero el arte y la cultura... ¡ah! Eso es eterno. Y Pierre no iba a quedarse al margen de esa fiesta.

Al igual que un desfile de alta costura que requiere planificación meticulosa y dramatismo, la transición de Bergé del negocio de la moda al mundo del arte no fue un accidente. Fue una obra maestra en sí misma. Con la creación de la Fundación Pierre Bergé-Yves Saint Laurent, se aseguró de que el legado de la casa de moda fuera preservado para la posteridad. ¿Y cuál mejor manera de ser recordado que, no solo como el hombre detrás del imperio de Saint Laurent, sino como el mecenas que llevó la moda a los museos y, por qué no, a los altares culturales?

El primer paso fue simple: comprar arte. Pero no cualquier arte. ¡No! Es de Pierre Bergé de quien hablamos. Si vas a coleccionar algo, que sea lo mejor, lo más exclusivo, lo más... caro. Y así, con la misma precisión que seleccionaba los mejores tejidos para Yves, Pierre comenzó a rodearse de tesoros culturales. No porque fuera un capricho, claro, más bien porque entendía que, para trascender como figura pública, no basta con hacer buenos negocios. Hay que dejar una huella en la historia cultural. Y Pierre, con su chequera bien afinada, estaba más que dispuesto a ser el autor de esa huella.

Lo divertido de Pierre Bergé no era solo su afición por las subastas millonarias o sus museos llenos de arte. Lo que lo hacía único era la manera en que vivía esta transición con una mezcla de grandeza y excentricidad. Tomemos, por ejemplo, su célebre afición por las bibliotecas. En una ocasión, se le vio comprando libros raros como si fueran dulces en una tienda de golosinas, acumulando volúmenes a una velocidad que hizo que los bibliófilos de todo el mundo se preguntaran si Pierre tenía tiempo de leer todo lo que adquiría (probablemente no, pero eso no importaba). Lo importante era tener esos libros, exponerlos, y, sobre todo, que todos supieran que estaban en su posesión.

¿Y qué tal su famosa subasta de la colección de arte que había acumulado junto a Yves? Más que una venta, fue un evento digno de la alfombra roja. Millonarios, coleccionistas y críticos de arte se congregaron como si se tratara del estreno de una película de gran presupuesto. Y Pierre, por supuesto, estaba en el centro de todo, supervisando con la mirada de un hombre que sabe que ha hecho historia.

Pero tal vez lo más interesante de su faceta como mecenas fue su capacidad para ser tanto un gran benefactor como un astuto negociador. Dicen que no hay almuerzo gratis: con Pierre no había donación desinteresada. Si bien fue extremadamente generoso con las causas que apoyó, especialmente en la lucha contra el VIH y en la preservación del arte y la cultura, siempre había un toque Bergé en cada acción: una pequeña dosis de autopromoción, de recordarnos que, detrás de cada gran gesto, estaba Pierre, el empresario, el mecenas, el hombre que sabía cómo hacer que el arte y los negocios bailaran juntos en la misma pasarela.

Lo que hace que la transición de Pierre Bergé de empresario a mecenas sea tan fascinante es que, a pesar de su inmersión en el mundo cultural, nunca dejó de ser el empresario astuto que fue desde el principio. Si bien sus gestos filantrópicos eran generosos, también estaban meticulosamente calculados. Donar arte a museos, crear fundaciones, organizar subastas… todo formaba parte de una estrategia más grande para asegurarse de que su nombre, y el de Yves, vivieran para siempre en el panteón de los grandes de la cultura.

Pero más allá de sus estrategias, lo que hizo de Pierre un personaje tan encantador fue su estilo. Porque si bien hay muchos que compran arte y donan millones, pocos lo hacen con el dramatismo de Bergé. Pocos pueden convertir la filantropía en un desfile de moda. Pocos pueden hacer que la transición de empresario a mecenas parezca tan natural como cambiarse de chaqueta. Y ninguno, absolutamente ninguno, lo hizo con la elegancia y el ingenio que Pierre Bergé mostró hasta el final.

El 2 de julio de 1993, Bergé fue nombrado "embajador de buena voluntad de la UNESCO para la cultura"[56].

Siendo él mismo homosexual, abogó siempre por los derechos de la comunidad gay, específicamente por el reclamo de igualdad de derechos con relación a los derechos civiles de las parejas heterosexuales. Detestaba el matrimonio y consideraba que no tenía razón de ser y que había que suprimirlo. Esas ideas están detrás de la decisión de unirse civilmente con Yves Saint Laurent. Al respecto decía: "Yo quiero ser muy preciso sobre mi homosexualidad: no pido un derecho a la diferencia, no quiero

---

[56] Los Embajadores de Buena Voluntad de la UNESCO son personas famosas que utilizan su talento para difundir los ideales de la UNESCO, especialmente con influencia mediática. No son diplomáticos.

que se reconozca mi diferencia, pido la indiferencia"[57].

Comprometido con la lucha contra el SIDA -no con el éxito deseado, naturalmente, como en general ha ocurrido con ese tipo de iniciativas-, cofundó, con Line Renaud, la asociación Sidaction en 1994,[58] y la presidió desde 1996 hasta su muerte.

La perseverancia del mecenas en ese campo es larga. Se involucró en la lucha contra el SIDA desde principios de la década de 1980. Llegó a sostener varios proyectos: Arcat AIDS fue el primero; luego, en 1994, Together against AIDS (Juntos contra el SIDA), que pronto tomó el nombre de Sidaction y es una de las principales asociaciones de lucha contra el SIDA en Europa. Tuvo en esa materia una colaboradora incansable, Line Renaud[59].

Bergé apoyaba diversas asociaciones, entre ellas Act Up-Paris, organización militante de homosexuales contra el SIDA,[60] y

---

[57] Entrevista con el periodista Jesús Rodríguez publicada en el periódico El País el 25 de abril de 2016.

[58] Sidaction se creó en 1994 con la misión de luchar en todos los frentes contra la pandemia del SIDA, financiando la investigación y la ayuda a los enfermos. En el momento de su fundación lanzó un programa televisivo especial internacional de recaudación de fondos con el apoyo de los principales canales de televisión franceses. Fue seguido por 23 millones de espectadores y recaudó 45 millones de euros en varias partes del mundo.

[59] Jacqueline Enté, llamada Line Renaud (Nieppe, Nord, 2 de julio de 1928) es una cantante, actriz y activista de la lucha contra el SIDA francesa.

[60] Act Up-Paris fue creada el 9 de junio de 1989 siguiendo el modelo estadounidense, que se fundó dos años antes. Se enfoca en mantener visible el problema de la enfermedad y en practicar soluciones de protección en tanto que colectivo.

SOS Racisme[61].

Bergé era amante de los museos. Le gustaba crearlos y mantenerlos vivos. Tenía una clara conciencia de lo que es el legado de una persona y, para mantener y conservar ese legado, empleó el método de exhibir en el museo. Por eso dejó la obra de Yves Saint Laurent expuesta en dos museos y dejó a un hombre de confianza, Michael Cox, a cargo.

En 1995, Bergé compró la casa de Émile Zola[62] para establecer en ella un museo dedicado a Dreyfus[63]. Pasó un tiempo trabajando en ese proyecto, que todavía no ha despegado, pero que sigue en pie. El Comité Cocteau, que él presidía, se comprometió en 2011 a restaurar la casa de Zola en Medan. La creación del museo Alfred Dreyfus quedó bajo la responsabilidad de la Asociación Maison Zola - Museo Dreyfus, que él presidía también.

---

[61] SOS Racisme es una asociación francesa creada en 1984. Su objetivo es la lucha contra el racismo, el antisemitismo y, en general, todas las formas de discriminación. Se ha expandido con sucursales en varios países de Europa.

[62] Émile Édouard Charles Antoine Zola, más conocido como Émile Zola (París, 2 de abril de 1840 - ibídem, 29 de septiembre de 1902), fue un escritor francés, considerado el padre y el mayor representante del naturalismo. Tuvo un papel muy relevante en la revisión del proceso contra Alfred Dreyfus. Su ensayo sobre el caso, "J'accuse...!", publicado en el periódico L'Aurore el 13 de enero de 1898, supuso el exilio del autor, pero también la revisión del caso.

[63] Alfred Dreyfus (Mulhouse, Alsacia, 9 de octubre de 1859 - París, Francia, 12 de julio de 1935) fue un militar francés de origen alsaciano y judío. Su condena en 1894 por traición se convirtió en un drama político en Francia, con repercusiones internacionales. El hecho, conocido como el "caso Dreyfus", tuvo su desarrollo entre 1894 y 1906 y terminó con la exoneración de Dreyfus, que era inocente.

Medios de comunicación y otras inversiones

Varias empresas francesas y extranjeras tenían a Pierre Bergé en sus juntas directivas. Era propietario de la casa de subastas Pierre Bergé & Associés, fundada por él en 2001, que tiene locales en París y Bruselas.

En el año 2000 se convirtió en CEO de Prunier,[64] restaurante donde recibía a los jurados de sus premios. Pero uno de sus negocios favoritos fue siempre el de los medios de comunicación, específicamente la prensa.

La incursión de Bergé en el mundo de los medios de comunicación comienza, posiblemente, con el periódico Patria Mundial en 1949. No se detuvo. Una revista de 1955, publicada al parecer para reseñar el trabajo de Bernard Buffet, entre otros artistas, fue descubierta muchos años después por Béatrice Peyrani en un mercadillo.

A principios de 1987 lanzó la revista Globe, que apoyó la candidatura de reelección de François Mitterrand en 1988 (que por cierto ganó).

---

[64] Fundado en 1872, el restaurante (hoy es mejor decir los restaurantes) Prunier es uno de los más prestigiosos y antiguos de París.

Con Jacques Rosselin[65] fundó Courrier International[66] en 1989.

En 1993 ayudó a lanzar la revista Globe Hebdo, que, en déficit, detuvo sus actividades en 1994.

Fue propietario de la revista Têtu[67] hasta enero de 2013. También fue accionista de Pink TV, un canal televisivo de pago orientado a la comunidad gay.

En junio del año 2010, a pesar de la oposición de Nicolas Sarközy,[68] tomó el control del diario Le Monde[69] y medios

---

[65] Empresario francés de los medios de comunicación. Ha fundado varios medios de noticias, entre ellos Courrier International, CanalWeb, y Vendredi hebdo.

[66] Courrier international es un semanario de noticias francés que se publica cada jueves.

[67] Têtu es una revista gay mensual francesa creada en 1995 por Didier Lestrade y Pascal Loubet con el apoyo financiero de Pierre Bergé. Tras veinte años de existencia y 212 números, dejó de publicarse en julio de 2015. Pierre Bergé fue propietario de la revista entre 1995 y 2013, fecha en que la vendió a Jean-Jacques Augier. En 2014, un año antes de su desaparición, circulaban casi 33,000 copias de Têtu por mes. El sitio web asociado a la revista, que desapareció a finales de 2015, se reactivó a principios de 2016. La versión en papel reapareció en una nueva periodicidad bimestral a partir del 28 de febrero de 2017. Têtu se presenta como el "primer medio sobre información LGBT. TÊTU es también una mirada masculina diferente centrada en la cultura, el descubrimiento y el bienestar."

[68] Nicolas Sarközy de Nagy-Bocsa (París, 28 de enero de 1955) es un estadista francés, abogado y empresario. Fue presidente de la República Francesa desde el 16 de mayo de 2007 hasta el 15 de mayo de 2012.

[69] Le Monde es un periódico vespertino francés fundado por Hubert Beuve-Mery en 1944. Es el diario más leído en Francia y el segundo en número de copias. Es propiedad en un 72,5% de la compañía The Free World, controlada en partes iguales por Xavier Niel y Matthieu Pigasse. Se beneficia de los subsidios del Estado francés.

relacionados, en sociedad con Xavier Niel[70] y Matthieu Pigasse[71] a través de una recapitalización del grupo. Mantuvo una relación muy difícil con los periodistas y editores de ese grupo de comunicación, cuando en ocasiones mostró opiniones independientes o al menos distintas de las de Bergé.

Por medio de su participación en Le Monde Libre (LML), los tres socios adquirieron también, en enero de 2014, el 66% de Nouvel Observateur[72] por 13,4 millones de euros.

Además de acciones en empresas, Bergé se dedicó a adquirir propiedades de lujo en varias partes del mundo. A su muerte conservaba algunas; vendió la mayor parte.

Vendió su apartamento en el hotel Pierre de Nueva York por 7,5 millones de euros, el dúplex de la Rue de Babylone por 23 millones, el château Gabriel[73] en Deauville por nueve millones.

---

[70] Xavier Niel (Maisons-Alfort, 25 de agosto de 1967) es un empresario francés.

[71] Matthieu Pigasse (Clichy, Hauts-de-Seine, 25 de mayo de 1968) es un empresario francés.

[72] L'Obs (anteriormente llamada France Observateur, luego Le Nouvel Observateur y conocida como Le Nouvel Obs hasta el 23 de octubre de 2014, cuando adquiere el nombre actual) es una revista de noticias semanal francesa, creada en 1964 por Claude Perdriel y Jean Daniel. Se beneficia de los subsidios del Estado francés.

[73] La mansión Château Gabriel, construida en 1874 en Benerville-sur-Mer, Normandía, fue comprada por Yves Saint Laurent y Pierre Bergé en enero de 1983.

Controversias

La vida de Pierre Bergé transcurrió entre controversias. Hizo declaraciones sobre la política, el sexo y otras cuestiones más domésticas. Afirmó que las mujeres podían alquilar su vientre y que eso no implicaba en absoluto un problema ético. Esa declaración enfureció a la sociedad francesa afín al feminismo. Su idea de que la ceremonia católica del matrimonio es innecesaria y de que las festividades cristianas son ritos fútiles de los que puede prescindirse eliminó cualquier posibilidad de relación entre él y la Iglesia. Tampoco le importaba: era ateo.

Un señalamiento de pedofilia -¿fundado o infundado?- fue un episodio particularmente oscuro por el que tuvo que ofrecer declaraciones públicas.

Fabrice Thomas fue un empleado de Pierre Bergé entre 1982 y 1989. También fue su amante. Posteriormente se hizo amante de Yves Saint Laurent entre 1990 y 1993, tras habérselo pedido Bergé con el propósito de que el diseñador recibiera un apoyo que le permitiera seguir creando.

En aquel 1990, Yves Saint Laurent tenía 54 años y Fabrice Thomas, 29.

(Recuérdese que, de todos modos, Saint Laurent, sin una relación amorosa formal y estable con Bergé desde 1976, anunció su retiro definitivo del mundo de la moda en 1992, lo cual precipitó muchas cosas. Por ejemplo, al año siguiente sobrevino la separación de Thomas, cuyo acompañamiento dejó de tener sentido. Pero lo que es más importante es la venta de la compañía YSL in extremis en 1993, ya sin las novedades del modisto.)

En colaboración con Aline Apostolska,[74] Fabrice Thomas publicó, en octubre de 2017, un libro biográfico y autobiográfico: Saint Laurent et moi - Une histoire intime.

En ese libro, Thomas describe a Saint Laurent y Pierre Bergé como "dos íconos, dos hombres excepcionales, pero dos hombres enfermos sexualmente". Afirma haber presenciado un acto de pedofilia en el Jardín Majorelle.

Antes de esa revelación se habían investigado rumores de pedofilia en el círculo íntimo Bergé - Saint Laurent. Las investigaciones se abandonaron por falta de indicios. En 2011, Bergé sostuvo, enfáticamente: "No soy un pedófilo. Nunca organicé orgías en mi casa en Marrakech. Quien diga lo contrario que lo demuestre en vez de estar hablando".

---

[74] Aline Apostolska (Skopje, Macedonia, 2 de mayo de 1961) es una escritora, periodista, directora literaria y creadora de espectáculos franco-canadiense.

Segundo matrimonio y muerte

El 31 de marzo de 2017, pocos meses antes de morir, Bergé se casó con el "multimillonario del paisaje", Madison Cox,[75] quien entonces era el vicepresidente de la Fundación Pierre Bergé - Yves Saint Laurent[76]. Hacía muchos años que se trataban, por lo que se conocían bien. El matrimonio se realizó para asegurar el legado de Yves Saint Laurent y Pierre Bergé.

Con la muerte de Bergé, Cox se convirtió en director del Jardín Majorelle en Marruecos, director de los Museos Saint Laurent en París y en Marruecos y presidente de la Fundación Pierre Bergé - Yves Saint Laurent.

Bergé murió a los 86 años de edad, el 8 de septiembre de 2017, en la comuna de Saint-Rémy-de-Provence, que es la cabecera y mayor población del cantón con el mismo nombre y está situada

---

[75] Madison Cox (San Francisco, EE. UU., 23 de septiembre de 1958) es un paisajista estadounidense, creador de jardines en los Estados Unidos, Europa y África del Norte.

[76] La Fundación Pierre Bergé - Yves Saint Laurent se inauguró en 2004 con la exposición Yves Saint Laurent, Diálogo con el Arte. Su propósito es conservar el trabajo de Yves Saint Laurent, organizar exposiciones y apoyar actividades culturales y educativas. Fue reconocida como de utilidad pública en 2002. Bergé la presidió hasta su muerte.

en el distrito de Arlés, departamento de Bocas del Ródano, región de Provenza-Alpes-Costa Azul en el sur de Francia.

En noviembre de 2009 declaró que sufría de miopatía. Hacía tiempo que venía padeciendo esa enfermedad caracterizada por el debilitamiento del tejido muscular o desgaste de los músculos. La debilidad es progresiva, aunque indolora en el caso de Bergé, según dijo él mismo. Llegó a sufrir caídas a causa de este problema. En 2014, con 83 años de edad, ya era consciente de que no existía una cura y que el deterioro era progresivo. En esa fecha no podía subir o bajar escaleras y tenía que valerse de ascensores cuando era posible, o bien ordenar reformas de nivelación de las escaleras y del suelo en sus propiedades.

Esperaba terminar en una silla de ruedas y morir probablemente de un paro cardíaco cuando la atrofia alcanzara el músculo cardíaco. Pero Bergé no dejaba de ser optimista. Dijo que esperaba la muerte con gran calma. Ateo desde siempre, decía no creer en el alma ni en el cielo, ni en una vida después de la muerte.

Un surrealista sentido del humor le permitió expresar que esperaba ver el siglo XXII. Confiaba en que le alcanzara la suerte de su madre, quien en 2013, con 105 años, hablaba con lucidez y todavía vivió dos años más. Otras veces flirteaba con la idea de la eutanasia y fantaseaba con un posible viaje a Suiza para consumar una muerte voluntaria. Pensaba mucho en eso en sus últimos meses de vida.

La relativa vitalidad y el aparente buen estado de salud de Bergé en 2017 hubieran llevado a especular que su vida se prolongaría mucho si no hubiera sobrevenido la muerte. En efecto, terminó en una silla de ruedas. Se mantuvo tan activo como pudo. Soportó su larga enfermedad con determinación y sentido práctico, sin quejarse. Pasó los últimos meses de su vida hospitalizado, pero murió en su casa.

Al morir dejó una fortuna personal de 180 millones de euros que, según Challenges,[77] lo ubicaba entre las 400 primeras fortunas de Francia. Si a los fondos y bienes propios se suman los de su fundación y los de las iniciativas que encabezó contra el sida, contra el racismo y por los derechos de los gais, la fortuna supera los 500 millones de euros.

Este socialista gay que se declaraba a favor de la igualdad y en contra de las instituciones burguesas, era uno de esos hombres que mueven los hilos del poder desde las sombras y murió siendo multimillonario.

A su muerte, las principales personalidades públicas de Francia le rindieron tributo. El presidente de la República Francesa, Emmanuel Macron, dijo: "Toda una parte de nuestra memoria colectiva de ciudadanos y artistas muere con Pierre Bergé", quien creó "belleza y excelencia" donde pudo.

Hollande, que acababa de entregar la presidencia de la República Francesa a Macron, lo describió como "un hombre excepcional de convicción que defendió la idea de la igualdad de derechos para todos".

Por su parte el izquierdista Jean-Luc Mélenchon[78] elogió las contribuciones de Bergé a la lucha contra el racismo, a la investigación sobre el sida y al apoyo de las artes, y lo elogió como alguien que "no dedicó su vida a su dinero".

Principalmente por su relación con Yves Saint Laurent, Pierre

---

[77] Revista económica semanal francesa.

[78] Jean-Luc Mélenchon (Tánger, Marruecos, 19 de agosto de 1951) es un político francés. Comenzó su carrera en el Partido Socialista. Posteriormente ha fundado y liderado otros proyectos políticos con los que ha ocupado cargos en Francia y en Europa.

Bergé protagoniza diversos libros y películas que se publicaron durante su vida.

Un trabajo bastante conocido es el documental rodado por el director Pierre Thoretton, L'amour fou, sobre la relación entre Bergé y Saint Laurent.

Solo en 2014 se estrenaron dos largometrajes acerca de Yves Saint Laurent que, naturalmente, incluyen el personaje de Bergé.

En enero de 2014, Jalil Lespert[79] estrenó en Francia la película Yves Saint Laurent y afirmó, acerca de la relación entre Saint Laurent y Bergé, que era "una de las mayores historias de amor del siglo XX".

La otra película de 2014, Saint Laurent, lanzada unos meses después que la anterior, fue mucho más notable. Escrita y dirigida por Bertrand Bonello,[80] obtuvo varios premios por categorías y fue nominada por varias organizaciones cinematográficas dentro y fuera de Francia. Representó a Francia en los Oscar en la competición de mejor película extranjera, donde no alcanzó a ser elegida. El mismo año viajó a Cannes en la selección oficial en competencia.

Con seguridad, Bergé seguirá siendo representado y citado en obras sobre su época, sobre el diseñador con el que compartió su vida y sobre sí mismo.

Cuando Pierre Bergé dejó este mundo en el año 2017, dejó mucho más que una fortuna y una serie de colecciones impresionantes. Dejó un legado que va más allá de lo material.

---

[79] Jalil Lespert (París, 11 de mayo de 1976) es un actor y director de cine y televisión francés.

[80] Bertrand Bonello (Niza, 11 de septiembre de 1968) es un actor, productor, director y guionista de cine francés; también es compositor y autor, y ha trabajado en teatro.

Nos dejó la lección de que la cultura, el arte, los libros y la moda son más que simples objetos de admiración: son herramientas de poder, de influencia y, sobre todo, de inmortalidad.

Así que, en resumen, Pierre Bergé no solo puso la cultura en la pasarela; él mismo fue la pasarela. En su vida, combinó arte, moda, negocios y filantropía en un espectáculo que, hasta hoy, sigue siendo la envidia de magnates y mecenas por igual. Y lo hizo todo con una sonrisa, un toque de excentricidad y una buena dosis de savoir-faire.

About the Author

Félix Gerónimo (República Dominicana, 1976). Becario de la Pontificia Universidad Católica Madre y Maestra, donde se graduó en Derecho (Santo Domingo de Guzmán, 2007). Obtuvo un DEA en Gobierno y administración Pública por la Universidad Complutense de Madrid (España, 2012) con beca de la Agencia Española de Cooperación Internacional para el Desarrollo.

Also by Felix Geronimo

Cut-up: variantes y aplicaciones en la Literatura

"Cut-up: variantes y aplicaciones en la Literatura" es una obra esencial para cualquier escritor que desee expandir los límites de la creatividad literaria. Este libro desentraña la técnica del cut-up, desde sus orígenes con figuras icónicas como William S. Burroughs hasta su aplicación contemporánea en distintos géneros literarios.

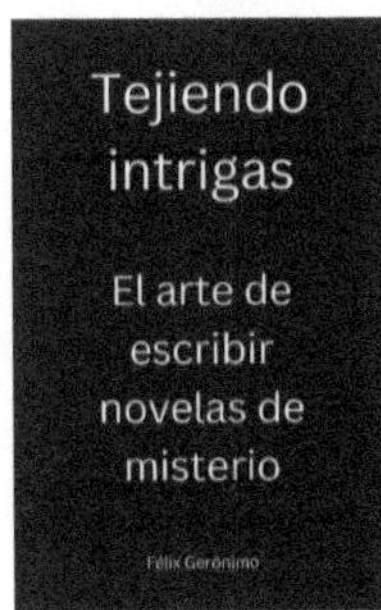

Tejiendo intrigas: el arte de escribir novelas de misterio

"Tejiendo intrigas: el arte de escribir novelas de misterio" es una guía esencial para aspirantes a escritores de misterio. Ofrece técnicas y consejos prácticos sobre construcción de tramas, desarrollo de personajes y creación de suspenso. Incluye ejemplos, análisis y recursos para ayudar a los autores a dominar el arte de tejer intrigas cautivadoras.